OBSERVATIONS

SUR

LES EMPRUNTS,

SUR

L'AMORTISSEMENT, ET SUR LES COMPAGNIES FINANCIÈRES.

OBSERVATIONS

SUR

LES EMPRUNTS,

SUR

L'AMORTISSEMENT, ET SUR LES COMPAGNIES
FINANCIÈRES,

PAR ARMAND SÉGUIN.

————————

A PARIS,

DE L'IMPRIMERIE DE FIRMIN DIDOT,

IMPRIMEUR DU ROI ET DE L'INSTITUT, RUE JACOB, N° 24.

1817.

OBSERVATIONS

SUR

LES EMPRUNTS,

SUR

L'AMORTISSEMENT, ET SUR LES COMPAGNIES FINANCIÈRES.

Les conséquences d'un emprunt se lient à l'examen de ces deux premières questions : Il y a-t-il nécessité ; il y a-t-il utilité de le faire ?

Si l'utilité ou si la nécessité sont reconnues, il ne reste qu'à trouver le mode le moins à charge ou le plus avantageux de l'effectuer, eu égard à ses conséquences directes et indirectes. Car tel résultat peut être bon dans un pays, et ne pas l'être dans un autre ; tel résultat peut convenir dans un même pays, à une époque et dans une position quelconque, et ne pas convenir à telle autre époque et dans telle autre position.

L'avantage ou le désavantage d'un emprunt dérive de la comparaison du taux de l'intérêt avec le produit annuel de son emploi. Si l'intérêt excède le produit, il y a ruine pour l'emprunteur; dans le cas contraire, il y a pour lui accroissement de fortune.

Les élements de la richesse des gouvernements sont la propriété et les impôts ; et comme les impôts sont fondés sur la richesse des particuliers, c'est-à-dire sur la propriété et sur l'industrie, il en résulte que la richesse des gouvernements repose sur ses propriétés et sur les propriétés et l'industrie de ses contribuables.

Toute dette d'un gouvernement, dont les impositions sont à leur maximum, doit être considérée comme une perte irréparable, à moins qu'il ne l'acquitte par la balance active de son commerce extérieur. Tout autre mode de libération n'est qu'un déplacement de situation, un aspect différent de position financière, mais jamais une amélioration réelle.

Si les rapports commerciaux de ses contribuables avec l'étranger présentent une balance avantageuse, sa fortune, de même que
la leur, éprouve un accroissement ; dans le
cas contraire, elle diminue dans le même rapport.

Les conquêtes peuvent augmenter momentanément la richesse d'une nation ; mais l'exemple des siècles a prouvé que cette amélioration
ne peut avoir qu'une courte durée, et que
souvent on paie bien cher, à son tour, les
avantages passagers qui en sont résultés.

Mais ce qui n'a pas de limites, relativement
à l'accroissement de la richesse d'une nation,
ce sont l'industrie et l'activité manufacturière
et commerciale ; elles sont une source de prospérité commune pour les particuliers et les
gouvernements.

Pour obtenir leurs fruits, il faut union,
confiance, et sécurité.

Les fortunes qui en résultent vivifient et as-
surent les emprunts des gouvernements. Leur
utilité atteint son maximum lorsqu'elles sont
immédiatement et invariablement liées avec
celle des gouvernements.

Naguère les grandes fortunes, de même que les grands établissements, offusquaient le gouvernement. Il n'en voulait que de viagères qui lui dussent leur existence. Des traitements, des pensions, et des gratifications, en constituoient les bases, mais toujours sous la condition de toute abnégation d'épargnes. Aussi, quand on a eu besoin de secours imprévus, n'a-t-on trouvé d'autres moyens que de mettre à contribution, par les mesures les plus arbitraires, ceux qui n'étaient pas encore ruinés. Si, après avoir épuisé cette dernière ressource, d'autres secours avaient été nécessaires, il aurait été impossible de les trouver dans des emprunts, d'abord par défaut de confiance, ensuite par défaut de moyens.

Tout gouvernement qui, en empruntant pour subvenir à une dépense quelconque, améliore la balance de son commerce extérieur, s'enrichit, et peut, en supposant même que ses impositions soient portées à leur maximum, en mettre de nouvelles sur les personnes et sur les choses qui profitent de l'augmentation de la balance commerciale. Dèslors il y a un véritable partage des bénéfices résultants de cette balance. Une partie retourne au gouvernement, lui sert à rembourser son emprunt, et améliore d'autant ses autres valeurs. Une autre partie reste aux particuliers, et augmente d'autant la richesse nationale.

Telle a été jusqu'ici la situation de l'Angleterre.

Tout gouvernement qui, en empruntant pour subvenir à une dépense quelconque, n'améliore pas en même temps la balance de son commerce, ne fait qu'ajourner sa libération, et ne peut, en supposant que déja ses impositions soient portées à leur maximum, rembourser son emprunt, même subvenir au paiement des intérêts, que par la vente de ses propriétés ; à moins qu'avant l'échéance du remboursement il ne trouve, dans l'accroissement de la balance de son commerce extérieur, matière à de nouveaux impôts. Car si, avant cette époque, il surchargeait les propriétés, leurs produits augmenteraient nécessairement de valeur dans un même rapport, et le commerce étranger prendrait bientôt, par la différence de prix, une prépondérance qui enleverait au propriétaire l'avantage, peut-être même l'intérêt de produire; et si la défense absolue d'importation remédiait en partie à ce mal, le commerce intérieur, ne portant plus que sur les objets indispensables, ne s'en trouverait pas moins d'autant restreint; et, par suite, toutes les rentrées du gouvernement éprouveraient de même une diminution notable.

Telle est, pour l'instant, la position de la France.

Elle doit :

Ses impôts directs et indirects, qui semblent être élevés à leur maximum, ne paraissent pas pouvoir servir à l'acquit de sa dette, parce qu'ils sont indispensables au service de l'intérieur.

Ses propriétés foncières ne paraissent pas pouvoir davantage, par une assez prompte réalisation de vente, convenable et suffisante, servir, de suite, à l'acquit de cette dette.

Ses ressources se trouvent donc réduites ou à une perspective d'impôts par un accroissement d'industrie, ou à un emprunt hypothéqué sur ses propriétés.

La première de ces ressources, bien desirable, qu'on peut raisonnablement attendre de la sagesse et du temps, la seule même qui puisse couvrir une perte autrement irréparable, est d'un espoir trop incertain, et d'une réalisation peut-être trop éloignée pour qu'on puisse raisonnablement la prendre comme base de remboursement.

Reste donc l'engagement momentané des propriétés pour obtenir un emprunt, mode le plus praticable, et par cela même indispensable.

Il ne s'agit dès-lors que de le rendre aussi utile, ou du moins aussi peu désavantageux que les circonstances où l'on se trouve le permettent.

S'il est combiné de manière à ne pas aggraver la position du gouvernement, il aura le double avantage de lui procurer les moyens de remplir fidèlement ses premiers engagements, et le temps suffisant pour se libérer, soit par l'accroissement de son commerce extérieur, s'il est assez heureux pour atteindre ce but, soit par une vente moins onéreuse de ses propriétés.

Ces divers résultats dépendront en grande partie des conditions et du bon choix de son mode.

Tout homme qui prête est plus ou moins enclin à courir les chances de la fortune. Il faut, autant que les circonstances peuvent le permettre, se prêter à ce penchant, avec d'autant plus de raison qu'il est dans l'intérêt de l'emprunteur d'attirer le prêteur, et même de lier son sort au sien.

Sous ce point de vue, on peut dire avec vérité que, pour tout gouvernement qui emprunte ou qui émet des valeurs, les spéculations particulières sur ces valeurs lui procurent un avantage réel, parce qu'elles sont la source d'une branche d'industrie et d'une circulation de fonds qui contribuent à la fortune publique, ne fût-ce qu'en augmentant la valeur nominale; car s'il importe peu au gouvernement que les spéculateurs, se livrant à leurs combinaisons d'intérieur, se ruinent ou s'enrichissent, il lui importe au moins que le signe représentatif change souvent de main, et entraîne par ce fréquent changement, et par toutes les fluctuations qui s'ensuivent, des pertes, des gains, et des mutations de propriétés. Cela lui importe sur-tout lorsque les résultats de l'accroissement de cette circulation donnent aux étrangers un appât suffisant pour les y faire contribuer.

En dernier résultat, toutes les spéculations permises par la loi doivent, lorsqu'elles ne sont pas entravées, tourner à l'avantage du gouvernement. Ceux qui jouent en hausse servent le gouvernement, même lorsqu'ils se ruinent; ceux qui jouent en baisse ne sont véritablement, sur-tout avec une caisse d'amortissement bien organisée et bien dirigée, que le pot de terre contre le pot de fer, et doivent indubitablement, dans tous les ordres de probabilités, finir par être ruinés.

Ces considérations sont d'autant moins déplacées que sans combinaison de spéculation tout emprunt est impossible ou désavantageux.

Ces combinaisons peuvent se multiplier à l'infini. Toutes sont bonnes, dès l'instant qu'elles atteignent le but principal. Je me bornerai donc à en proposer une seule qui, quoique simple, n'en serait pas moins efficace.

On pourrait dire que, en paiement des biens mis en vente, on recevrait trois quarts des bons de l'emprunt, et un quart des bons à cinq ans délivrés aux créanciers de l'arriéré.

On pourrait en même temps annoncer que, en paiement d'un versement au trésor de trois quarts de bons de l'emprunt et d'un quart de bons à cinq ans délivrés aux créanciers de l'arriéré, on recevrait une inscription sur le grand livre au cours du jour du versement.

A l'idée d'emprunt se lie celle d'amortissement.

Depuis quelque temps, l'institution d'amortissement est envisagée comme une panacée.

Théoriquement, on peut la considérer comme souveraine; car le résultat des calculs multipliés qu'on peut y appliquer est vrai autant que rassurant.

Matériellement, la première condition de son existence active est d'avoir pour aliment un capital ou un revenu réel, présent ou à venir.

Une caisse d'amortissement n'est, en der-

nière analyse, qu'une administration spécula-
tive, sage et prévoyante.

Elle n'engendre pas, elle fait seulement fruc-
tifier ce qu'on lui confie.

La première nécessité est donc de la doter.
Plus la somme qu'on lui accordera sera forte,
et plus les avantages qu'elle procurera seront
prompts et efficaces.

Mais comment la doter? Le gouvernement
qui subvient à cette dotation ne peut la puiser
que dans ses ressources, c'est-à-dire dans
ses impôts directs et indirects, ou dans sa fortune foncière.

Si les impôts du moment, soit directs, soit
indirects, ne peuvent être employés à cet
usage, et cette position semble être pour l'instant celle de la France, il faut utiliser, soit
les impôts indirects devant résulter d'une
amélioration de la balance du commerce extérieur, soit les biens fonciers dont on peut
disposer.

La première de ces ressources peut d'autant mieux s'appliquer à la dotation de la
caisse que son résultat d'amélioration est de
même successif et dans l'avenir. Plus la ren-

trée de ces ressources aura en sa faveur de probabilités, plus la confiance dans la caisse et plus le matériel de ses opérations seront assurés.

Cette source vraie, et peut-être la meilleure, de l'existence aussi active qu'utile d'une caisse d'amortissement est consacrée, avec avantage, par la longue expérience de l'Angleterre.

Mais avons-nous, dans notre enfance à cet égard, des moyens de ce genre à offrir à notre amortissement ? On peut répondre d'une manière affirmative : pour l'instant, Non. Nous ne les aurons qu'après avoir donné l'essor à l'industrie, et principalement au commerce extérieur.

Dans l'état actuel de la France, la dotation de l'amortissement peut d'autant moins reposer sur les impositions directes ou indirectes, qu'en y supposant un excédent, il devrait être de préférence appliqué au remboursement de la dette dont le retard entraînerait des inconvénients bien plus sensibles que ne seraient profitables les avantages à venir de l'existence de l'amortissement.

Si au contraire les impôts directs et indirects ne présentent pas d'excédent, l'application à la caisse, de quelque portion que ce fût de ces impôts, ne ferait que transformer le mal, peut-être même l'aggraver. Ce serait un fossé que l'on creuserait pour en remplir un autre ; avec cette circonstance particulière, que le premier de ces fossés serait au milieu du chemin par lequel on devrait passer, tandis que le second, éloigné de la route, pourrait être au moins momentanément évité.

Disons-le franchement, parce que dans la position où nous nous trouvons l'illusion est encore plus dangereuse que le mal ; toute dotation de ce genre ne serait aujourd'hui qu'un changement de face, une espèce de revirement de partie, et le résultat qui proviendrait de cette application, quoique réel en apparence, ne serait au fond que chimérique, eu égard à ses rapports avec toutes les autres parties de l'administration.

La seule dotation aujourd'hui possible pour l'amortissement est donc une partie de la propriété foncière du gouvernement. Cette dotation aura le double avantage d'accroître bien certainement, par la bonne organisation de l'administration, les produits et la valeur foncière de ces biens, et de remplir, du moins autant que possible, le but d'amortissement. Mais, pour obtenir ces résultats, il faut que l'abandon soit immédiat, et ne laisse concevoir aucune crainte de toute autre application.

Ainsi, en résumé, les biens fonciers du gouvernement semblent être, pour l'instant, sa seule ressource pour subvenir à un emprunt, et pour doter la caisse d'amortissement.

En existe-t-il une assez grande quantité pour atteindre ce double but?

Dans le cas de négative, quel est celui de ces deux buts auquel on doit donner la préférence?

La réponse à cette dernière question dérivera immédiatement des considérations suivantes.

L'amortissement n'est qu'une des améliorations des emprunts. L'existence de l'amortissement est donc subordonnée à celle de l'emprunt. Un emprunt peut, à la rigueur, exister sans amortissement; un amortissement sans emprunt préalable est un mot vide de sens. Ainsi tout gage destiné à un emprunt et à un amortissement doit d'abord être appliqué à l'emprunt; s'il y a excédent dans cette application, il doit être raisonnablement consacré à l'amortissement; s'il n'y a pas d'excédent, l'amortissement doit être ajourné. Dans la position de la France, cet ajournement pourrait avoir lieu sans compromettre essentiellement son bonheur; tandis que l'ajournement de ses engagements ne pourrait exister ni consciencieusement, ni politiquement, sans les plus graves inconvénients.

Le choix, dans cet isolement de considérations, peut-il dès-lors être douteux?

Un emprunt, pour acquérir tout son degré d'utilité, doit d'abord être concentré dans peu de mains : de là l'origine des réunions ou des compagnies financières. Avec elles le gouvernement s'associe l'industrie et les moyens pécuniaires et de rapport des traitants. Tout autre mode de négociation le rend dépendant des combinaisons vagues et oscillantes de la multitude; et comme, en dernière analyse, tout emprunteur doit supporter les pertes et les chances de son emprunt, il vaut d'autant mieux le concentrer que, d'une part, son résultat est plus assuré, et que, de l'autre, les chances deviennent, et moins onéreuses, et moins considérables.

Je parle de cet objet avec d'autant moins de réserve que mon âge, mes goûts, mes occupations, et ma position, m'ôtent tout desir d'entrer jamais dans aucune association de ce genre.

L'intérêt personnel et de rapport de compagnies bien choisies est d'améliorer les valeurs qui sont devenues leur propriété ou leur gage. Ce résultat s'accroît en outre par le concours des amis de la compagnie, de ses adhérents, de ses partisans et de ses imitateurs.

Plus est grande la confiance réelle et morale dans la compagnie, et plus la masse des opérations marchant dans le même sens est considérable; et si un parti opposé veut lutter contre elle, il faut ajouter aux moyens réels qui, dans une circonstance ordinaire, seraient nécessaires pour y parvenir, d'autres moyens d'un ordre bien supérieur, parce qu'ils doivent balancer la conviction, l'espèce même d'illusion de ceux qui s'attachent au char des chefs de l'opération. Car en finance la conviction et la confiance sont des barrières qu'il est bien difficile de rompre ou de renverser. C'est ainsi que certaines personnes trouveraient, si elles en avaient besoin, des ressources infiniment supérieures à leur garantie réelle.

C'est par la réunion de ces diverses circonstances que les emprunts, en Angleterre, se font avec tant de facilité. Presque toujours la totalité de l'emprunt est placée avant même que ses bases soient connues du public. Dès ce moment, les traitants courent toutes les chances de leurs engagements, et le gouvernement a un résultat fixe et stable sur lequel il peut établir, sans s'égarer, sa combinaison d'emploi.

L'important est de bien choisir les membres composant le point de centre de l'emprunt. Il faut que le public puisse trouver dans leur probité, dans leur intelligence, dans leurs moyens, dans leur bonne réputation, dans la confiance qu'ils ont jusqu'alors inspirée, et dans la quotité et l'importance des valeurs réelles qu'on leur abandonne, sécurité pour une pleine exécution des engagements contractés.

Ou les traitants prendront à forfait; alors, si le choix est bon et solide, le résultat de l'opération sera immédiatement assuré pour l'emprunteur. Ou bien les traitants ne voudront agir que comme fondés de pouvoirs avec commission ; alors il sera desirable d'obtenir d'eux l'assurance d'un maintien à un taux fixe qui ne pourra que s'améliorer. Ou bien enfin les traitants ne voudront opérer que comme gérants ; alors on devrait encore avoir plus de confiance dans leur gestion que dans la sienne propre.

Et, en effet, si un particulier avait des valeurs de bourse à vendre, et qu'il eût la prétention d'effectuer cette vente lui-même, bien certainement les conditions qu'il obtiendrait seraient bien plus défavorables que celles que lui procurerait l'entremise d'un agent de change qui, ayant habituellement des ordres opposés, ne laisse jamais distinguer la position de celui pour lequel il opère.

Mais, dira-t-on, des compagnies financières ont de graves inconvénients. Les meilleurs remèdes, mal administrés, peuvent être mortels. Tout ce qui en principe abstrait est bon en soi peut avoir dans son emploi de fausses applications. Qu'on évite le mal ou qu'on y remédie, mais qu'on profite du bien. Qu'on soit sur-tout, pour la discussion des traités, presque aussi clairvoyant que les traitants; car il ne faut pas se le dissimuler, mettant même de côté l'exagération des prétentions, il existe encore une assez grande latitude dans l'ensemble des combinaisons; et, comme la grande majorité des hommes ne traite d'affaires que pour accroître leur bien-être, ils cherchent à améliorer leur condition autant que possible, jusqu'au point que leur conscience pourrait leur reprocher d'outre-passer.

Qu'on cherche en outre, et souvent ce moyen est presqu'aussi efficace que tous les autres, à ne pas déprécier ceux avec lesquels on traite. Qu'on les élève même, s'ils le méritent. Avec l'organisation de bien des hommes, sur-tout avec le caractère français, l'amour-propre, la perspective de considération et d'honneur,

celle sur-tout d'être utile aux chefs qui inspi-
rent et méritent la confiance, sont des mobiles
plus durables, et non moins puissants que
l'intérêt, sur-tout lorsqu'il ne peut ajouter rien
de réel, rien de matériel au bonheur. Ne voit-
on pas souvent des hommes capables, qu'on
ne remuerait pas par l'appât de bénéfices
même assez considérables, employer leurs
moyens et leurs soins à faire une chose agréa-
ble au chef qu'ils révèrent? Il ne doit en résulter pour eux qu'un seul regard de satisfac-
tion; ils y attachent plus de prix qu'à toute
autre récompense. Un tel mobile ne doit donc
pas être négligé. Employé avec discernement
il peut enfanter des résultats extraordinaires.
On en peut d'autant moins douter, qu'on en
a eu souvent des preuves dans des circonstances difficiles.

ARMAND SÉGUIN.

NOUVELLES OBSERVATIONS

SUR LES EMPRUNTS,

SUR

L'AMORTISSEMENT, ET SUR LES COMPAGNIES FINANCIÈRES,

Par Armand SÉGUIN.

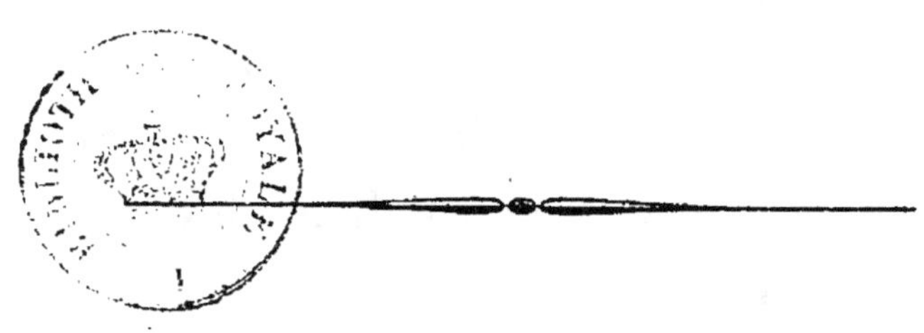

A PARIS,

DE L'IMPRIMERIE DE FIRMIN DIDOT,

IMPRIMEUR DU ROI ET DE L'INSTITUT, RUE JACOB, N° 24.

1817.

INTRODUCTION.

Les rapports sur le budget, en m'affermissant dans les opinions que renferme mon premier écrit sur les Emprunts, distribué avant leur lecture, m'ont fait sentir l'utilité d'y donner plus de développement.

Pour écarter toute supposition sur le but de la publication de ces deux écrits, je déclare avec sincérité que je ne suis pour rien dans la source et dans les résultats des projets d'emprunts. Mes erreurs, s'il s'en rencontrait dans mes opinions, ne pourraient donc provenir d'aucune combinaison de spéculation. Mon unique mobile est ma qualité de Français franchement dévoué à mon Roi et à ma patrie, de capitaliste, et de propriétaire. De tels titres ne sont-ils pas suffisants pour me faire desirer vivement une amélioration dans tout ce qui tient à la prospérité de mon pays et pour m'y faire contribuer par tous les moyens qui sont en ma puissance?

NOUVELLES OBSERVATIONS

SUR

LES EMPRUNTS,

SUR

L'AMORTISSEMENT, ET SUR LES COMPAGNIES
FINANCIÈRES.

Les dépenses indispensables d'un gouvernement sont relatives à son existence ou nécessitées par l'acquittement, en principal et intérêts, de ses dettes forcément remboursables, en intérêts seulement, de ses dettes volontairement remboursables.

Ses remboursements exigibles ne peuvent se reculer ; ceux qui ne le sont pas ne doivent se faire qu'autant qu'il y trouve un avantage pécuniaire ou politique.

Si la différence entre ses recettes et ses dépenses est assez considérable pour subvenir à ses remboursements forcés ou de convenance, une sage combinaison d'emploi et une bonne administration suffisent à l'amélioration de sa position.

Si cette différence ne peut subvenir qu'aux remboursements exigibles, il doit, en supposant qu'il y trouve avantage, assurer par d'autres rentrées ses remboursements de convenance.

Enfin, si ses recettes ne font qu'égaler les dépenses relatives à son existence, il ne peut subvenir à ses remboursements que par l'aliénation de ses propriétés, par des anticipations, ou par des emprunts.

Cette position est pour l'instant celle de la France.

Dans l'état actuel de son agriculture, de son commerce et de son industrie, elle ne peut, par un surcroît d'impôts, subvenir à l'excédent de ses dépenses.

Une vente immédiate de ses biens-fonds ne peut davantage couvrir cet excédent.

L'anticipation suppose des rentrées probables dans l'avenir. A moins d'une amélioration notable dans notre commerce extérieur, nous n'en pouvons espérer aucune de ce genre avant la libération de notre dette exigible.

Reste donc la ressource des emprunts ; et dès-lors s'évanouit toute discussion sur le choix du genre de ressources.

Tout emprunt se fonde, sur le crédit, sur l'existence d'un gage, ou sur la réunion de ces deux bases.

Les gages sont de deux genres : les gages matériels, tels sont les biens fonciers ou toutes autres valeurs réelles ; les gages de confiance, telles sont les émissions de nouvelles rentes.

Si le Gouvernement peut trouver à emprunter sur son crédit, ou sur une émission de rentes sans autre garantie, toutes les idées doivent se reporter sur les conditions de l'emprunt, sur ses résultats pécuniaires, et sur les conséquences de son mode. Cette position est la plus desirable lorsque le désavantage des conditions n'excède pas l'avantage d'un emprunt sans gage. Elle nous conviendrait sans doute mieux que toute autre. Mais, comme son résultat isolé dépasse les limites de ce qu'on se permettrait d'exiger si l'on était maître d'établir les conditions sans contradiction , ne conviendrait-il pas de bien approfondir si les résultats de tous les accessoires ne compensent pas, et au-delà, cet excès de générosité, ou d'extrême confiance, réelle ou apparente ?

Si les charges de cet emprunt, reposant uniquement sur rentes, n'excèdent pas l'avantage d'un emprunt sans gage, les forêts pourront, ainsi qu'on en a le projet, servir à la dotation de l'amortissement.

Si ces forêts sont nécessaires à la réalisation où à l'amélioration de l'emprunt, il faudra les y appliquer de préférence et ne reporter sur l'amortissement que leur excédent, s'il en existe.

Les résultats de ces diverses déterminations nécessitent pour l'exécution possibilité d'emploi.

La difficulté est d'éviter que la loi et la mesure administrative ne s'entravent mutuellement.

L'emprunt ne peut précéder la loi, parce qu'il n'aurait pas d'autorisation.

Mais si la loi fait une disposition qui entrave la réalisation de l'emprunt, celui-ci ne pourra plus avoir d'existence.

Si, par exemple, la loi donne les forêts en dotation à l'amortissement, l'emprunt ne pourra s'en trouver aidé comme gage.

Si la loi les met à la disposition du Gouvernement pour l'emprunt, l'amortissement, en cas que l'emprunt n'ait pas lieu, s'en trouvera frustré.

Il serait donc desirable, pour que les dispositions de la loi et de l'emprunt coïncidassent, que les conditions de l'emprunt fussent réciproquement consenties avant la loi, ou qu'elle prononçât l'alternative d'application à l'emprunt, s'il a lieu, ou à la caisse d'amortissement, s'il ne peut s'effectuer.

Dans ces deux cas il semblerait en outre indispensable de ne laisser aucune incertitude sur la faculté d'aliénation, à des moments opportuns. S'il en était autrement, il serait possible qu'on ne considérât l'ajournement d'autorisation que comme une probabilité ; et l'exemple du passé pourrait ne pas faire trouver dans cet espoir un motif suffisant de se mettre à découvert instantanément et sans autre garantie. Déja, malheureusement, une chambre a détruit ce qu'une autre avait consacré. Très-probablement une telle vacillation ne se renouvellera plus ; mais le résultat est encore trop récent pour que cette chance soit considérée comme impossible. Les finances des gouvernements, plus encore que celles des particuliers, ne comportent pas d'influences légères. Ceux qui, dans leurs intérêts personnels, peuvent y associer leurs moyens, envisagent d'un même coup d'œil le passé, le présent et l'avenir.

Dans la nécessité de recourir à un emprunt, a-t-on le choix des prêteurs ? A-t-on celui des conditions ? A-t-on même celui du mode d'emprunt ?

Si la solution de toutes ces questions est négative, il faut au moins se garder d'en aggraver les conséquences par des suspicions probablement déplacées, dans tous les cas dangereuses.

Pourquoi supposer, ainsi qu'on l'a fait dans un écrit récent, que les prêteurs pourraient un jour avoir l'arrière-pensée de détériorer nos valeurs ? Moralement, ce soupçon est injurieux ; politiquement, il est au moins inconsidéré. Si de telles craintes pouvaient avoir le moindre fondement, le parti le plus sage serait de rompre toutes négociations. Dans tous les cas, pourquoi les suggérer quand la raison les repousse ? Et en effet, si les prêteurs, de quelque nation qu'ils fussent, avaient l'intention de détériorer le cours de nos valeurs, seraient-ils assez inhabiles pour n'atteindre ce but que par des voies détournées ? La mise de leurs fonds entre nos mains ne les paralyserait-elle pas d'autant à cet égard ? L'emploi direct de ces fonds à leur pernicieuse intention ne serait-il pas d'un résultat plus assuré et plus prompt ? Pourquoi donc se forger ainsi à plaisir, car j'admets pureté d'intentions, de semblables fantômes ? De telles inculpations sont en général d'autant plus irréfléchies, que le moindre de leurs inconvénients est d'exposer ceux qui ne les repoussent pas à n'apercevoir que dans des nuages les objets même les plus clairs.

Comme le but de l'emprunt serait un remboursement à terme fixe de la dette exigible, ce résultat serait au moins très-incertain s'il

dépendait des chances qui dérivent des ca-
prices du public. Dé-là la nécessité de trai-
ter, au moins pour celui-ci, avec une compagnie financière.

Aura-t-on le choix de ces compagnies? Si
ce choix est possible, il ne s'agira que de
le bien faire.

Dans la supposition de possibilité de choix
entre des compagnies étrangères et des compagnies de régnicoles, sur qui tombera la préférence? La justice et la raison répondent à
ceux qui, sans égard pour toutes les considérations accessoires, résolvent exclusivement
cette question en notre faveur sur la Compagnie qui présentera les meilleures conditions, le
plus de solidité, et certainement à égalité sur
la régnicole. Les avantages pécuniaires et les
convenances politiques seront indubitablement les éléments du choix du Gouvernement
dans cette détermination.

Lorsqu'on sera fixé sur le choix des prêteurs
et sur le mode et les conditions de l'emprunt,
il n'appartiendra qu'au Gouvernement d'en
faire les applications voulues par la loi. Les
réflexions prématurées qu'ont fait naître ces

applications ne sont autorisées ni par la raison ni par le droit. Que l'emprunt serve à acquitter une dette exigible ou une dette nécessaire, qu'importe ? pourvu que les paiements du trésor s'en trouvent d'autant soulagés ; voilà tout ce qu'on peut raisonnablement attendre et même espérer.

A cette observation s'en lient deux autres d'une extrême importance, auxquelles peut-être on n'a pas encore assez mûrement réfléchi.

Si la loi met à la disposition du Gouvernement les forêts, ou seulement les rentes, pour faire l'emprunt aux conditions qu'il jugera les plus convenables, les particuliers qui, probablement ne connaîtront ses véritables conditions qu'après l'approbation de toutes les parties, ne pourront que les respecter, parce qu'au moment de leur publication officielle elles devront être, au moins dans la forme, assimilées aux lois de l'État.

Si la loi, en réservant ces gages pour l'emprunt, consacre le principe que, pour être assimilées aux lois de l'état, ses conditions doivent préalablement être ratifiées par les Chambres, chacun, pendant la publicité préa-

lable à la discussion, aura la faculté de pro-
fiter, avec réserve et respect, des droits que
lui assure la liberté de la presse, et dans ce
cas les amis et les partisans même les plus
zélés du Gouvernement, ne prenant pour guide
que leur conscience et l'extrême importance
de l'objet, non-seulement dans ses résultats
présents, mais bien plus encore dans ses résultats et ses conséquences futurs, ne seront
certainement pas les derniers à faire preuve
d'énergie et d'esprit public, en signalant franchement les combinaisons qui leur semble-
ront onéreuses aux intérêts de la patrie.

Dans cette circonstance, d'une si grande
influence sur les destinées de la France, la
responsabilité des ministres, au moins sous
le point de vue de l'opinion publique,
ne pourra probablement pas être considérée
comme un frein illusoire.

Finalement, notre position peut, sans exagération, être comparée à celle d'un homme
riche, actif, intelligent, et industrieux, qui,
par un événement quelconque, perd une partie de sa fortune. Il en conserve cependant
assez pour subvenir à ses premiers besoins.

Son activité, son énergie, ses lumières, son expérience, sa civilisation, et son industrie, lui restent. Il les utilise, et bientôt, replacé dans sa position primitive, ses moyens sont d'autant plus puissants qu'ils se trouvent re-trempés par ses pertes et par ses malheurs.

Union, stabilité, prudence, ténacité, confiance, économie, loyauté, sécurité, franc dévouement au Roi, et amour sincère de la patrie; telle devrait être notre devise.

ARMAND SÉGUIN.